Meine Rundreise Schottland

Ein persönlicher Reisebericht

von

Stefan Wahle

FSC
www.fsc.org
MIX
Papier aus ver-
antwortungsvollen
Quellen
Paper from
responsible sources
FSC® C105338

Impressum

©2020 copyright by Stefan Wahle, Hamburg und Berlin

1. Auflage 2020

Text, Fotos + Umschlaggestaltung: Stefan Wahle, Berlin

Herausgeber: „Buch Guru Media"®

E-Mail: info@sw-reisebuch.de
Internetseite: www.sw-reisebuch.de

Fan-Page zum Buch bei Facebook:
https://www.facebook.com/sw.meets.edinburgh

Verlag und Herstellung:
BoD - Books on Demand, Norderstedt

ISBN: 978-3-7526-0869-4

Inhaltsverzeichnis

1.	Vorwort	5
2.	Reiseverlauf, Orte und Hotels	7
2.1.	Tag 0 Hamburg, Flughafen Köln-Bonn	
2.2.	Tag 1 Flug nach Edinburgh, Weiterfahrt nach Glasgow	9
2.3.	Tag 2 Rundfahrt Glasgow, Stirling	16
2.4.	Tag 3 Rundfahrt Luss am Loch Lomond, Glen Coe, Fort William, Ben Nevis	23
2.5.	Tag 4 Rundfahrt Loch Ness, Inverness, Nairn, Elgin	32
2.6.	Tag 5 Stadtbesichtigung Edinburgh	41
2.7.	Tag 6 Fahrt zum Flughafen, Rückflug, Bahnfahrt	62
3.	Karte, Übersicht der Rundreise	63
4.	Wichtige Kontakte und Adressen	64
5.	Nachwort Schottland	66
6.	Andere Reiseführer von Stefan Wahle	70

1. Vorwort

Nachdem eine Bekannte mir immer wieder von der Schönheit Schottlands vorgeschwärmt hatte, buchte ich spontan einen Flug nach Edinburgh und ein Bett in einem 8-Bett-Zimmer in einem Hostel in der Stadt (Bild 1). Hier sammelte ich meine ersten Erfahrungen und verliebte mich in dieses Land und seine Menschen.

Ein Jahr später buchte ich eine Busrundreise, denn ich wollte mehr von Schottland sehen! In diesem Buch berichte ich über meine ganz persönlichen Erlebnisse und Eindrücke, die mir dabei widerfuhren. Meine Ausführungen illustriere ich mit einer kleinen Auswahl der von mir angefertigten Fotos.

Nur wenige Monate später besuchte ich dann noch einmal die Stadt Edinburgh, um diese weitere fünf Tage intensiv zu erkunden. Diesmal buchte ich jedoch ein Einzelzimmer im Motel One in der Nähe der Waverley Bridge (Bild 2). Dies lässt sich wunderbar mit der Express Buslinie Airlink 100 vom Flughafen bis zur Waverley Station erreichen. (https://www.motel-one.com/de/hotels/edinburgh/hotel-edinburgh-royal/)

1 8-Bett-Zimmer im Hostel in Edinburgh

2 Zimmer im Motel One, 18 Market Street

2. Reiseverlauf, Orte und Hotels
2.1. Tag 0 Hamburg, Flughafen Köln-Bonn

Die von mir gebuchte Pauschalreise startete bundeseinheitlich mit einem Flug von Köln-Bonn nach Edinburgh. Ich musste also zunächst am Vortag von Hamburg mit dem Zug anreisen und nahm mir direkt am Flughafen ein Zimmer im Leonardo Hotel (Bilder 3 – 4). Alles andere hätte zeitlich nicht funktioniert, da der Flug bereits um 10.20 Uhr starten sollte.

Schon die Zugfahrt mit dem IC 209 war ein echtes Abenteuer, da ich von vielen Fußballfans aus Köln begleitet wurde, die sich zuvor ein Fußballspiel in Hamburg angesehen hatten. Da herrschte Stimmung! Es floss reichlich Alkohol und es wurde laut gesungen. Immerhin war so die Bahnfahrt sehr kurzweilig.

Ich traf sehr spät abends an der Bahnstation am Flughafen ein und irrte zu Fuß durch die Nacht zum Hotel. Ich begab mich rasch zu Bett, denn es sollte am nächsten Morgen sehr früh weitergehen.

Am Morgen nahm ich ein Frühstück im mit Chinesen gefluteten Essensraum ein und fuhr anschließend mit dem kostenlosen Shuttleservice des Hotels zu den Abflugterminals.

Link zum Hotel: https://www.leonardo-hotels.de/leonardo-hotel-koeln-bonn-airport?utm_source=gmb&utm_medium=link_site_gmb&utm_campaign=leonardo-hotel-koeln-bonn-airport

3 Zimmer im Leonardo Hotel Köln-Bonn

4 Bad

2.2.　Tag 1 Flug nach Edinburgh, Weiterfahrt nach Glasgow

Um 11.00 Uhr startete mit etwas Verspätung mein Flieger nach Edinburgh. Der Flug dauerte keine zwei Stunden und die Uhr musste auch um eine Stunde zurückgestellt werden, so dass ich schon gegen 12.00 Uhr da war!

Vor Ort angekommen, gab es lediglich drei Gepäckbänder und das Warten auf das Gepäck dauerte ewig. In der Ankunftshalle empfing mich die Reiseleiterin. Es dauerte nochmals einige Zeit, bis alle vierzig Reiseteilnehmer eingetroffen waren. Wir gingen gemeinsam zum Bus, verstauten unser Gepäck, nahmen unsere Plätze nach Wahl ein und los ging die Fahrt!

Wir fuhren nach Glasgow und absolvierten unsere erste Stadtbesichtigung mit den Highlights St. Mungo`s Kathedrale (Bilder 5 – 6), die nach dem in ihr beigesetzten Schutzpatron der Stadt benannt wurde, und dem George Square im Herzen des viktorianischen Stadtzentrums.
Am George Square befinden sich diverse Statuen von Dichtern und gekrönten Häuptern sowie das Rathaus „City Chambers" (Bild 7) aus schottischem Granit und italienischem Marmor, das Sie unbedingt besichtigen sollten. Südlich von diesem Platz liegt die Merchant City zwischen Ingram Street und Tron Gate mit vielen Gastronomiebetrieben und Boutiquen.
(www.merchantcityglasgow.com)
Die gotische St. Mungo`s Kathedrale, oder auch Glasgow Cathedral oder High Kirk of Glasgow genannt, ist

9

zwischen dem 13. und 15 Jahrhundert entstanden und war bis 1690 Bischofssitz. Besonders sehenswert sind die Krypta (Bild 8) und die Orgel.
Östlich der Kathedrale liegt der optisch beeindruckende Hauptfriedhof „Glasgow Necropolis" (Bilder 9 – 10) auf einem Hügel (Haupteingang: 70 Cathedral Square).

Danach ging es weiter in unser erstes Hotel „The Erskine Bridge Hotel" am Fluss Clyde in der Nähe des Flughafens Glasgow. Nach einem Abendessen mit den Mitreisenden ging es auf mein Zimmer 104 (Bild 11) zur Nachtruhe. Mittlerweile wurde das Hotel in „Muthu Glasgow River Hotel" umbenannt.
(https://www.muthuhotelsmgm.com/muthu-glasgow-river-hotel)

Bei unserer Rundfahrt durch Glasgow fielen mir viele schöne Wandbilder auf, die ich fotografiert habe und hier gerne präsentiere (Bilder 12 – 14).

5 St. Mungo`s Kathedrale von außen

6 St. Mungo`s Kathedrale von innen

7 City Chambers Glasgow am George Square

8 Krypta St. Mungo`s Kathedrale

9 Glasgow Necropolis

10 Glasgow Necropolis

11 Zimmer 104 in „The Erskine Bridge Hotel"

12 Wandbild in Glasgow

13 Wandbild in Glasgow

14 Wandbild in Glasgow

2.3. Tag 2 Rundfahrt Glasgow, Stirling

Bereits um 08.00 Uhr wurde gefrühstückt, damit wir zum Ausflug nach Glasgow starten konnten. Glasgow ist mit 600.000 Einwohnern die größte Stadt Schottlands.

Unser erster Stopp führte uns zum Riverside Museum (Bilder 15 – 20) mit seinen Bussen, Straßen- und Eisenbahnen sowie Autos an der Wand. Es liegt am Ufer des Clyde und existiert seit 2011. Anschrift: 100 Pointhouse Place; Eintritt frei!

Es ging weiter zur Kelvingrove Art Gallery & Museum in der Argyle Street (Bilder 21 – 22), Kelvingrove. In einem barocken, roten Sandsteingebäude findet man Kunst, Naturgeschichte und einen zeitgenössischen Blick auf das schottische Leben. Auch hier ist der Eintritt frei.
Direkt am Museum liegt der Kelvingrove Park.

Am Nachmittag fuhren wir eine Stunde mit dem Bus nach Stirling und wurden oben auf dem Berg, einem alten Vulkankegel, am Schloss abgesetzt. Wer wollte, konnte das Schloss auf eigene Faust besuchen. Ich entschloss mich, ohne Besichtigung den Abstieg durch die alten Straßen (u.a. Baker Street) sofort anzutreten (Bild 23). Ich wollte noch etwas vom Ort sehen, inklusive Fußgängerzone (Bild 24) und Einkaufszentrum.
Stirling hat heute ca. 45.000 Einwohner und war früher einmal Hauptsitz der schottischen Könige mit seiner optimalen Lage zwischen Lowlands und Highlands, direkt am Fluss Forth. Auch Mary Stuart wurde hier 1534 zur Königin Schottlands gekrönt. In der Nähe ist das

„Wallace Monument" mit dem Schwert des Helden zu finden, dem Symbol der englisch-schottischen Kriege. Mel Gibson spielt die Rolle des Freiheitskämpfers William Wallace im Hollywoodstreifen „Braveheart" und machte so dessen Geschichte in der ganzen Welt bekannt. www.nationalwallacemonument.com

Und auch dieser Tag neigte sich dem Ende und wir fuhren zurück zum Erskine Bridge Hotel, wo es um 19.30 Uhr Abendessen gab.

Die Tageskilometer mit dem Bus betrugen ca. 100 Kilometer.

15 Riverside Museum

16 Riverside Museum

18

17 Riverside Museum

18 Riverside Museum

19

19 Riverside Museum

20 Riverside Museum

21 Kelvingrove Art Gallery & Museum

22 Kelvingrove Art Gallery & Museum

21

23 Stirling: Abstieg vom Schlossberg

24 Stirling: Fußgängerzone

2.4. Tag 3 Rundfahrt Luss am Loch Lomond, Glen Coe, Fort William, Ben Nevis

Wir verließen das Hotel, diesmal mit gepackten Koffern, gegen 09.00 Uhr und fuhren zu unserem ersten Halt des Tages in Luss am Loch Lomond (Bilder 25 – 28), dem größten See Schottlands. An seinen Südufern beginnen geologisch die Highlands und am Westufer entlang verlaufen die Straße und Bahnlinie. An den Ufern des Sees versteckte sich der Volksheld Rob Roy vor seinen Verfolgern. Über diesen gab es 1995 einen Film mit Liam Neeson in der Hauptrolle. Mehr zum Film und der Geschichte dahinter: https://de.wikipedia.org/wiki/Rob_Roy_(Film)

Es ging weiter durch Glen Coe, dem Tal der Tränen, und wir pausierten zum Mittagessen in Spean Bridge (Bilder 29 – 30), einer kleinen Siedlung am Flüsschen Spean. Im Tal der Tränen ereignete sich am 13. Februar 1692 ein blutiges Massaker, in dem der Clan der Campbells des Nachts auf Geheiß des Königs Wilhelm von Oranien den Clan der MacDonalds aufgrund eines verspäteten Treueeides niedermetzelte, nachdem er sich dort zuvor als Gast eingeschlichen hatte. Nicht die feine Art!

Nachmittags fuhren wir mit Durchfahrt durch Fort William nach Fort Augustus, um dort die Schleusen (Bilder 31 – 32) und die Drehbrücke (Bild 33) in Augenschein zu nehmen. Fort Augustus liegt am südlichen Übergang vom Loch Ness zum Caledonian Canal und hat gerade mal ca. 600 Einwohner (Bilder 34 – 35).

Fort William mit seinen 10.000 Einwohnern im Schatten des Ben Nevis (Bild 36) gelegen ist keinen Besuch wert, sondern dient eher nur als Durchgangsstation für Touren in die Highlands. Es wurde ursprünglich 1655 als Festung errichtet und verfügt über keine Sehenswürdigkeiten.

Der Tag neigte sich dem Ende und auf dem Weg zu unserem neuen Hotel „Balavil" (Bilder 37 – 38; www.balavilhotel.com) konnten wir noch einen Blick auf den höchsten Berg Schottlands, den „Ben Nevis", mit seinen 1.344 Metern erhaschen. Nach dem Abendessen um 19.30 Uhr bettete ich mich in Zimmer Nummer 40 zur Ruhe. Es war ein langer Tag mit vielen Eindrücken.

Sollten Sie den Ben Nevis (Bild 36) per Wanderung erklimmen wollen, beachten Sie bitte das Wetter: https://www.metoffice.gov.uk/weather/forecast/gfh7n5qpt #?

Am Fuß des Berges verläuft im Glen Nevis der Fluss Nevis. Hier wurden die Filme „Braveheart" und „Rob Roy" beeindruckend in Szene gesetzt.

Die Tageskilometer mit dem Bus betrugen ca. 360 Kilometer.

25 Loch Lomond

26 Loch Lomond

27 Loch Lomond

28 Luss am Loch Lomond

29 Spean Bridge

30 Spean

27

31 Schleusen von Fort Augustus

32 Schleusen von Fort Augustus

33 Drehbrücke von Fort Augustus

34 Fort Augustus

35 Fort Augustus

36 Ben Nevis

37 Hotel Balavil von außen

38 Zimmer Nummer 40 im Hotel Balavil

2.5. Tag 4 Rundfahrt Loch Ness, Inverness, Nairn, Elgin

Um 09.00 Uhr startete unser Bus in Richtung Loch Ness. Wir schauten uns den See (Bild 39) an, das Castle (Bild 40) und...Nessie (Bild 41)!
Loch Ness liegt südwestlich von Inverness, ist 36 Kilometer lang, 1,5 Kilometer breit und bis zu 325 Meter tief. Der Legende nach lebt in seinen Tiefen das Seeungeheuer Nessie. Das Urquhart Castle (Bild 40) aus dem 12. Jahrhundert am Nordwestufer des Sees bei Drumnadrochit haben wir nicht direkt besucht, sondern nur aus der Ferne betrachtet. Dafür waren wir anschließend im Ausstellungszentrum in Drumnadrochit und haben uns „Loch Ness 2000" angesehen (Bilder 42 – 43).
www.lochness.com

Es ging weiter zu unserer nächsten Station Inverness (Bild 44), der Hauptstadt des schottischen Verwaltungs-bezirks Highland, mit der schönen Lage an der Mündung des Flusses Ness (Bild 45) in den Moray Firth und ca. 60.000 Einwohnern. Hoch über der Stadt thront das Schloss (Bild 46).

Unsere Tour ging weiter Richtung Elgin mit Durchfahrt durch Nairn am Südufer des Moray Firth. In der Stadt Elgin mit ca. 23.000 Einwohnern besichtigten wir die Ruine der gotischen Kathedrale aus dem Jahre 1224 (Bilder 47-48; https://www.historicenvironment.scot/visit-a-place/places/elgin-cathedral/), die Kaschmir Fabrik Johnstons of Elgin (www.johnstonscashmere.com; Bilder

49 – 50) und als Höhepunkt die Brennerei Glen Moray Whisky (Bilder 51 – 52; www.glenmoray.com). Hier erhielten wir einen Einblick in die Whisky-Produktion vom Gerstenkorn bis zum vollendeten Malt Whisky und durften zu guter Letzt auch das Endergebnis probieren.

Danach ging es müde und etwas angetrunken zurück ins Hotel.

Die Tageskilometer mit dem Bus betrugen ca. 260 Kilometer.

39 Loch Ness

40 Urquhart Castle am Loch Ness

41 Nessie beim Ausstellungszentrum in Drumnadrochit

42 Ausstellungszentrum in Drumnadrochit

43 Tauchboot für die Suche nach Nessie, Ausstellungsz. in Drumnadrochit

44 Inverness

45 Fluss Ness bei Inverness

46 Schloss Inverness

47 Ruine Kathedrale Elgin mit Friedhof

48 Ruine Kathedrale Elgin mit Friedhof

49 Kaschmir Fabrik Johnstons of Elgin

50 Denkmal vor Kaschmir Fabrik Johnstons of Elgin

51 Brennerei Glen Moray Whisky

52 Brennerei Glen Moray Whisky

2.6. Tag 5 Stadtbesichtigung Edinburgh

Wir frühstückten bereits um 07.30 Uhr, um uns dann auf die 2,5 Stunden lange Fahrt nach Edinburgh zu begeben. Die Hauptstadt Schottlands hat 490.000 Einwohner. Dort angekommen, machten wir zunächst eine Stadtrundfahrt mit dem Bus und schauten uns Carlton Hill und das Schloss (Bilder 53 – 54) auf einem Felsen über der Stadt an. Auch unter diesem Schloss befindet sich ein erloschener Vulkankegel. Ich habe für die Besichtigung 17 GBP bezahlt (www.edinburghcastle.scot). Eine Attraktion ist das Abfeuern der 13-Uhr-Kanone (One O`Clock Gun, Bild 55), die seit 1861 jeden Tag außer sonntags genau um 13 Uhr einen Schuss abgibt, um den Schiffen im Hafen von Leith die Zeit anzusagen. Die Kapelle im Schloss ist aus dem 12. Jahrhundert, die Hauptgebäude sind aus dem 18. und 19. Jahrhundert und beherbergen das Scottish National War Museum (Bild 56), das einen Besuch lohnt. Ebenso die Kronjuwelen und der „Schicksalsstein" (Stone of Destiny) sind hier zu finden, auf dem alle schottischen Könige inthronisiert wurden. Dieser wurde erst im Jahre 1996 von den Engländern an die Edinburgher zurückgegeben, nachdem er 1296 von Edward I. im Rahmen der angelsächsisch-schottischen Kriege gestohlen wurde. Im August findet bereits seit 1950 auf dem Vorplatz des Schlosses die Militärparade „Military Tattoo" statt (www.edintattoo.co.uk; Bild 57). Mittlerweile sind Militärorchester und Volkstänzer aus über 40 Ländern an diesem kulturellen Highlight beteiligt. Aufgrund der erhöhten Lage des Castles hat man einen wunderbaren Ausblick über die Stadt (Bilder 58 – 59).

Carlton Hill ist ein 100 Meter hoher grüner Hügel östlich vom Zentrum mit einigen Denkmälern aus der ersten Hälfte des 19. Jahrhunderts und einem wunderschönen Blick auf die Stadt, die andere Erhebung, dem 2 Kilometer entfernten Arthur´s Seat (Bild 60 – 61) mit seinen 251 Metern und auf den Firth of Forth mit dem Hafen Leith (Bild 62). Zu den Denkmälern gehören das unvollendete Kriegerdenkmal „National Monument" (Baubeginn 1822, Bilder 63 - 64), das „Nelson Monument" (Bild 65) aus dem Jahr 1815 zum Gedenken von Admiral Lord Nelson, das „Dugald Stewart Monument" (Bild 66) vom schottischen Architekten William Henry Playfair aus dem Jahr 1831 und das City Observatory aus dem Jahr 1818, das bis Ende des 19. Jahrhunderts in Benutzung war. Aufgrund der Bauweise des National Monuments bezeichnen einige Edinburgh als Athen des Nordens. Der Arthur´s Seat ist ein Basaltkern eines 350 Millionen alten Vulkans.

Auf der Royal Mile (Bilder 67 – 70) gibt es viele Shoppingmöglichkeiten. Insbesondere typisch schottische Souvenirs sind hier in einer großen Auswahl erhältlich. Diese Straße ist 1,8 Kilometer lang und verbindet das Castle auf der einen Seite mit dem Palace of Holyroodhouse auf der anderen Seite. Die Royal Mile setzt sich aus den Straßenzügen Castle Hill, High Street und Canongate zusammen. Der Palace of Holyroodhouse ist ursprünglich eine Abtei aus dem 12. Jahrhundert, die 400 Jahre später zu einem königlichen Sitz ausgebaut wurde, in dem die Queen noch heute im Sommer ein paar Tage verbringt.
(www.rct.uk/visit/palace-of-holyroodhouse)

In der Princes Street 48 findet man das Kaufhaus Jenners (Bilder 71 – 72), dessen Gebäude aus dem Jahre 1838 sehr sehenswert ist. Heute ist es in der Hand der Kette House of Fraser (www.houseoffraser.co.uk) mit gehobener Designerware. Ganz in der Nähe und unübersehbar steht an der Princes Street das Scott Monument (Bild 73), das Sir Walter Scott (1771-1832) gewidmet wurde. Es ehrt ihn nicht nur als Literaten, sondern ebenso als Sohn und Förderer Schottlands.
Parallel zur Princes Street verläuft der Park „Princes Street Gardens" (Bild 74), der früher durch den See „Nor Loch" bedeckt war. Diese grüne Oase der Stadt lädt insbesondere im Sommer zum Verweilen ein.

Mit der Bus Tour Majestic kommt man für 15 GBP von der Waverley Bridge (hier ist auch der zentrale Bahnhof Waverley Station, Bilder 75 - 76) zur königlichen Yacht Britannia (Bilder 77 – 78) aus dem Jahr 1953 im Hafen von Leith am Ocean Terminal, für deren Besichtigung man ca. 3 Stunden einplanen sollte. Der Eintritt kostet 15,50 GBP. Sie hat 44 Dienstjahre hinter sich und bietet auf 5 Decks spannende Einblicke in das königliche Leben an Bord. Sie wurde 1997 von der damaligen Labour-Regierung außer Dienst gestellt, da man die 60 Millionen GBP teure Restaurierung nicht aus Steuergeldern finanzieren wollte. (www.royalyachtbritannia.co.uk)

Sie sollten unbedingt die grüne Oase der Ruhe, den Royal Botanic Garden, besuchen. Neben einer sehr schönen Außenanlage (Bild 79) gibt es hier das viktorianische Palmenhaus (Bild 80) aus dem Jahr 1850

zu bestaunen, indem 5400 Pflanzen von 2400 Arten beherbergt werden. (www.rbge.org.uk)
Bereits im Jahre 1670 wurde der erste botanische Garten von Robert Sibald in Edinburgh gegründet. Er lag damals noch in der Nähe des Palace of Holyroodhouse. 1820 erfolgte dann die Verlegung an den heutigen Standort in Inverleith.

Ein Höhepunkt in der Stadt war mein Fotoshooting als Schotte in der Tartan Weaving Mill, 555 Castlehill, an der Royal Mile kurz vorm Schloss (Bilder 81 – 84).

Um 19.30 Uhr nahmen wir unser Abendessen in unserem Hotel in der Nähe der Stadt ein.
Tageskilometer mit dem Bus ca. 180 Kilometer

Als zusätzliches Ziel in der Umgebung bietet sich ein Besuch der Forth Rail Bridge (Bilder 85 – 86) aus dem Jahre 1890 an, die den Firth of Forth überspannt und ein Meisterwerk viktorianischer Baukunst darstellt. Sie liegt etwa 10 Kilometer vom Stadtzentrum entfernt. Hier starten auch Bootstouren. Von der Waverley Bridge startet die Bustour "3 Bridges" bis South Queensferry (Bild 87) an der Brücke und dann geht es weiter mit dem Boot auf dem Forth.
www.edinburghtour.com

Neben der bereits erwähnten Militärparade findet fast den ganzen August über in Edinburgh das Kleinkunstfestival „Fringe" (Bild 88) statt, das die gesamte Stadt erfasst und in eine Partyhochburg mit Publikum aus ganz Europa verwandelt. (www.edfringe.com)

53 Edinburgh Castle

54 Edinburgh Castle

55 One O`Clock Gun auf Edinburgh Castle

56 Scottish National War Museum auf Edinburgh Castle

57 Vorplatz des Schlosses vorbereitet für die Militärparade „Military Tattoo"

58 Ausblick über die Stadt von Edinburgh Castle aus

47

59 Ausblick vom Schloss über die Stadt bis Carlton Hill

60 Blick von Carlton Hill auf den Arthur's Seat

48

61 Blick von Carlton Hill auf den Arthur's Seat

62 Blick von Carlton Hill auf den Firth of Forth mit dem Hafen Leith

49

63 National Monument Frontansicht, Carlton Hill

64 National Monument hintere Ansicht, Carlton Hill

65 Nelson Monument auf Carlton Hill

66 Dugald Stewart Monument auf Carlton Hill

67 Royal Mile

68 Schmuckgeschäft Hamilton & Young auf der Royal Mile

69 legendäres Weihnachtsgeschäft auf der Royal Mile

70 Canongate Tolbooth mit seiner markanten Uhr, Royal Mile

71 Kaufhaus Jenners in der Princes Street 48

72 Kaufhaus Jenners in der Princes Street 48

73 Scott Monument an der Princes Street

74 Park „Princes Street Gardens"

75 Waverley Bridge, links Abfahrtsbereich Busse (Flughafen und Touren)

76 Bahnhof Waverley Station

77 Yacht Britannia am Ocean Terminal im Hafen von Leith

78 Wohnzimmer auf der Yacht

57

79 Außenanlage Royal Botanic Garden

80 Palmenhaus von 1850 im Royal Botanic Garden

81

82

83

84

85 Forth Rail Bridge

86 Forth Rail Bridge

87 South Queensferry an der Forth Rail Bridge

88 Fringe Festival in Edinburgh

2.7. Tag 6 Fahrt zum Flughafen, Rückflug, Bahnfahrt

An unserem Abreisetag frühstückten wir um 07.30 Uhr und begaben uns um 09.00 Uhr zum Flughafen Edinburgh.

Das gesamte Procedere dauerte vor Ort einige Stunden und der Flieger nach Köln-Bonn hob erst gegen 13.00 Uhr ab. Der Flughafen verfügt über einige Einkaufsmöglichkeiten und zahlreiche Restaurants, so dass man sich so die Wartezeit sehr gut verkürzen kann.

Am späten Nachmittag in Deutschland angekommen musste ich noch den Zug nach Hamburg nehmen, so dass ich erst spät in der Nacht daheim war.

Die Reise war sehr schön und ich habe sehr viel in kurzer Zeit gesehen. Natürlich ist so eine kompakte Busreise auch etwas anstrengend und so war ich froh wieder zuhause zu sein.

Ich hatte ein Tagebuch geführt und viele Fotos gemacht. Beides diente als Grundlage für dieses Buch. Im April 2020 wollte ich eine ähnliche Reise noch einmal machen und auch diese Eindrücke hier einarbeiten. Leider kam die Corona Pandemie dazwischen und mein Reiseveranstalter sagte die Reise ab. Vielleicht gibt es also eine Fortsetzung!?

3.   **Karte, Übersicht der Rundreise**

4. Wichtige Kontakte und Adressen

Botanischer Garten Edinburgh (Bilder 79 – 80):
20 Inverleith Row, Stockbridge/Inverleith,
Eintritt frei, Gewächshäuser 5,50 GBP.
www.rbge.org.uk

Dungeon:
The Dungeon of Edinburgh, 31 Market Street in der Nähe
von Waverley Bridge, www.thedungeons.com/edinburgh

Edinburgh Bus Tours:
Hop on – Hop off, verschiedene Touren mit
Hauptstartpunkt Waverley Bridge, Touren:
- Edinburgh
- Majestic
- CitySighstseeing
- 3 Bridges

www.edinburghtour.com

Fotoshooting Edinburgh (Bilder 81 – 84):
in der Tartan Weaving Mill, 555 Castlehill, Edinburgh, an
der Royal Mile kurz vorm Schloss, Kaufhaus über
mehrere Stockwerke abwärts mit Fotostudio im unteren
Bereich
www.heritageofscotland.com

Fringe Festival (Bild 88) im August in Edinburgh mit
Comedy, Musik-, Tanz- und Theaterdarbietungen in der
gesamten Stadt: www.edfringe.com

Hardrock Cafe Edinburgh
20 George Street, Tel. +44 (0)131 260 3000

Hotels in Edinburgh:
Motel One (zwei Stück, u.a. Nähe Waverley Bridge),
Radisson,
Holiday Inn Express

Konsulat:
Generalkonsulat der Bundesrepublik Deutschland, 16
Eglinton Crescent, Edinburgh EH12 5DG, Tel. +44 (0)131
3 372323

Notruf: 101 für Polizei und 999 für Feuerwehr und
Rettungsdienst

Royal Yacht Britannia (Bilder 77 – 78):
Hafen von Leith am Ocean Terminal
Eintritt 15,50 GBP
www.royalyachtbritannia.co.uk

Supermarkt in Edinburgh:
Sainsbury´s, St. Andrew Square, Ecke Rose Street: sehr
zentral und man erhält alles für den kleinen Hunger und
Durst zwischendurch, dies schont den Geldbeutel.

5.   Nachwort Schottland

Während der Reise hatte ich plötzlich zweimal Blut im Urin. Eine erschreckende Erfahrung, wenn man den Eindruck hat, man würde Blut pinkeln. Da kann ja bei allem Wohlwollen nur eine ernsthafte Erkrankung dahinterstecken. Eine einfache Blasenentzündung kam nicht infrage, da ich ansonsten keinerlei Beschwerden hatte. Aber im Ausland einen fremdsprachigen Arzt aufsuchen? Nein, das musste warten...

Endlich hatte ich es geschafft, nach meiner Rückkehr meinen Hausarzt aufzusuchen, und berichtete ihm von meinem beunruhigenden Erlebnis in Schottland. Er machte einen Urintest, bei dem jedoch kein Blut festgestellt werden konnte. Dennoch nahm er meine Sorgen sehr ernst und beschaffte mir einen sofortigen Termin bei einem Urologen. Was für eine Sensation! Keine drei Monate auf einen Facharzttermin warten zu müssen! Ich konnte mich sofort in die Bahn setzen, um den vier Stationen entfernten Arzt umgehend aufzusuchen.
Beim Urologen angekommen, machte dieser einen erneuten Urintest und leitete zur Sicherheit einen von mir zu bezahlenden PSA-Test ein. Nur um sicherzugehen, dass mit der Prostata auch alles in Ordnung war.
Der Urintest ergab wiederum nichts. Aber auch dieser Arzt nahm meine Sorgen ernst und wir vereinbarten für die folgende Woche einen Termin für eine Blasenspiegelung.

Ich erfuhr an diesem Termin, dass mein PSA-Test negativ war. Immerhin schien schon mal mit der Prostata alles in Ordnung zu sein. Dann erfolgte die Blasenspiegelung, welche leider ohne Betäubung erfolgte und ziemlich unangenehm war. Ein Erlebnis, auf das ich in Zukunft in der Form gerne verzichten kann. Immerhin war ich live und in Farbe dabei und konnte das Geschehen am Monitor mitverfolgen. Zunächst schien alles in Ordnung und so, wie es sein sollte. Bis wir etwas entdeckten, etwas, was dort nicht hingehörte. Ich fand, das Gebilde sah wie ein Busch oder ein Baum mit einer Krone aus. Der Urologe sagte gleich, dass es sich um einen Tumor handelte und er in seiner langen Berufserfahrung noch nie erlebt hätte, dass so etwas gutartig sei. Die Frage sei nur, wie bösartig es sei, da es verschiedene Abstufungen gäbe. Das war schon ein Schlag ins Gesicht!

Wir machten sofort im Anschluss noch einen Ultraschall von diesem Ding. Gruselig! Ich bekam einen Stapel Zettel von Röntgenpraxen mit, damit ich operationsvorbereitend umgehend eine Computertomographie machen lassen konnte. Normalerweise wartet man auf einen derartigen Termin auch wieder ziemlich lange. Als ich gleich in der ersten Praxis, die ich anrief, vorlas, was auf der Überweisung stand, erhielt ich unverzüglich für den nächsten Tag einen Termin! Ich war schon wieder sprachlos…

Ich begab mich zur Erstellung einer Computertomographie von meinem Oberkörper nach Poppenbüttel in die Röntgenpraxis. Dort musste ich über einen gewissen Zeitraum dann zunächst einen Liter Kontrastflüssigkeit trinken und bekam dann während der Computertomographie zusätzlich ein Kontrastmittel gespritzt, wobei sich in meinem Körper von oben bis unten ein erschreckendes, warmes Gefühl ausbreitete. Schließlich bekam ich, nach für mich zäh dahinfließenden Minuten, endlich das Ergebnis, welches mir der Radiologe persönlich präsentierte. Man habe einen mittelgroßen Tumor mit 18 Millimeter Durchmesser in der Blase ausmachen können. Pünktlich zum Wochenende gab es aber auch eine gute Nachricht: Metastasen seien nicht zu erblicken und auch die Lymphbahnen sähen gut aus. Na immerhin! Ich bekam die Aufnahmen auf einer CD mit.

Mein Urologe hätte mich wohl gerne sofort operiert, aber ich machte ihm einen Strich durch die Rechnung. Ich wollte meinen lange geplanten Urlaub auf Mallorca nicht absagen und die Operation erst danach durchführen lassen. Dies gab mir dann auch Gelegenheit, verschiedene Krankenhäuser in Hamburg zu kontaktieren und mir terminliche Angebote unterbreiten zu lassen. Ich informierte mich über deren urologische Abteilungen und wog die Vor- und Nachteile jeweils ab. Eine endgültige Entscheidung wollte ich jedoch erst zum Ende meines Urlaubes treffen. So etwas will schließlich gut überlegt sein.

Um es kurz zu machen....nach zwei Operationen und einer sechsmonatigen Chemotherapie muss ich jetzt alle 6 Monate zu einer Blasenspiegelung zur Kontrolle. Und immer ist die Angst dabei, dass der Krebs zurückgekommen ist.

Nach Schottland zu fahren, war eine der besten Entscheidungen meines Lebens! Ich habe ein wunderbares Land kennenlernen dürfen und werde mit Sicherheit wiederkommen. Aus meiner Reise und aus meiner Krankheit habe ich gelernt, dass man für neue Dinge offen sein und nichts aufschieben sollte, denn schon morgen kann das Leben vorbei sein!

Wer mehr über meine Krebserkrankung und die Behandlungsmethoden wissen möchte, kann dies in meinem folgenden Buch nachlesen:
„Diagnose Krebs - Ein Tagebuch über die Entdeckung und Behandlung der Erkrankung"

Klappentext:
Von einem Tag auf den anderen ist alles anders. Stefan Wahle, sportlich, kerngesund und mit beiden Beinen im Leben stehend, wird von jetzt auf gleich mit der schockierenden Diagnose Krebs konfrontiert.

In diesem Buch schildert er chronologisch die Entdeckung, den Verlauf und die Behandlung seiner Krebserkrankung. Von der operativen Entfernung des Tumors über eine sechsmonatige Chemotherapie bis hin zu diversen alternativen Behandlungsmethoden durchlief er alle Stationen dieser gefährlichen Erkrankung. Ohne ein Blatt vor den Mund zu nehmen, berichtet er auch von den Auswirkungen der Krankheit.

Sein Erfahrungsbericht kann für Betroffene und deren Angehörige eine große Hilfe sein.

Weitere Infos und wichtige Links unter:
www.diagnose-krebs.tips

6. Andere Reiseführer von Stefan Wahle

Die nachfolgenden Reiseführer schrieb Stefan Wahle zusammen mit seiner Exfrau Tanja Wahle. Mehr Infos unter: www.sw-reisebuch.de sowie www.buch.guru

6.1. Reiseführer Cala Ratjada (Mallorca)

Es gibt unendlich viele Reiseführer über Mallorca. Über eine wunderschöne Insel, die nicht umsonst der Deutschen liebstes Kind ist. Wir haben uns schon vor Jahren in das ehemalige Fischerörtchen Cala Ratjada verliebt und finden, dieser Ort hat mehr als eine Erwähnung auf ein bis drei Seiten eines Mallorca-Reiseführers verdient. Er verdient einen eigenen Reiseführer. Einen, bei dem man schon beim Lesen in Urlaubsstimmung kommt, der einen die Sonne spüren lässt und der, mit ein bisschen Fantasie, schon beim Lesen nach Orangen duftet. Wir lieben diesen Ort und hier erzählen wir Ihnen, warum auch Sie diesen Ort unbedingt kennenlernen sollten. Wir sind jedes Jahr vor Ort und testen Hotels und Restaurants. Besuchen Sie auch unseren Reiseblog www.reise-blog-wahle.de. Mit 64 Farbfotos und 3 Karten.
Weitere Infos unter:
www.facebook.com/cala.ratjada.urlaub

6.2. Reiseführer Palma de Mallorca

Wir haben uns in diesem Reiseführer ganz bewusst die „andere Seite" von Palma vorgenommen. Die Seite, fernab der Partymeile am Ballermann. Wer zum Feiern nach Mallorca kommt, wird dort eine gute Zeit haben, aber wir wollen hier eine andere Seite von Palma zeigen. Palma de Mallorca, die Stadt der Philosophen, Künstler und nicht zuletzt auch Seefahrer.

Palma de Mallorca, das ist, unbestreitbar, auch der „Ballermann", aber eben lange nicht nur. Wer Mallorca mag, sollte sich Palma wenigstens einmal für mehr als einen Tagesausflug gönnen. Je länger der Aufenthalt in dieser zauberhaften Stadt dauert, je mehr erliegt man ihrem Charme. Wer sich die Zeit nimmt, diese Stadt kennenzulernen, der wird in ihren Bann geraten.

Das, was uns an dieser Stadt verzaubert hat, findet sich, neben praktischen Tipps für das Leben in Palma de Mallorca, in diesem Reiseführer! Was sich in diesem Reiseführer bewusst nicht findet, sind ausführliche Hotel- und Restaurant-Tipps, da diese bei der Vielfalt der Möglichkeiten in Palma immer nur ein kleiner Auszug sein können und wir Wert daraufliegen, nur das zu empfehlen, was wir selber für Sie ausprobiert haben! Wir sind jedes Jahr vor Ort und testen für Sie. Folgen Sie auch unserem Reiseblog unter www.reise-blog-wahle.de. Mit 76 Farbfotos und 5 Karten.

Weitere Infos unter:
www.facebook.com/palma.de.mallorca.urlaub

6.3.   Reiseführer Dénia (Costa Blanca)

Dénia ist eine spanische Stadt an der Costa Blanca direkt in der Mitte zwischen Alicante und Valencia. Entdecken Sie mit uns eine der schönsten Städte Spaniens ohne den üblichen Massentourismus.

Die Autoren beschreiben ihre ganz eigenen Reiseerfahrungen der letzten 20 Jahre an diesen Ort und dessen Umgebung. Dabei empfehlen und beschreiben sie ausschließlich, was sie selber ausprobiert und für gut befunden haben. Folgen Sie auch dem Reiseblog des Autorenteams Wahle unter www.reise-blog-wahle.de. Weitere Infos unter:
https://www.facebook.com/denia.urlaub

6.4. Reiseführer Travemünde (Ostsee)

Travemünde ist eine Reise wert. Direkt an der Ostsee, an der Mündung der Trave gelegen, ist der Lübecker Stadtteil Travemünde einer der schönsten Orte, um Urlaub an der See in Deutschland zu machen. Nur 85 Kilometer von Hamburg entfernt lohnen sich sogar Tagesausflüge.
Von A wie Abenteuer bis Z wie Zeremonien findet man hier auf kleiner Fläche alles, was es für einen gelungenen Urlaub am Meer braucht. Neben wunderschönen Ausblicken auf die Ostsee hat der Ort auch kulinarisch und kulturell ein großes Angebot. Egal ob Ferienwohnung oder Hotel, ob Fischbrötchen am Strand oder Candle-Light-Dinner: Travemünde heißt Sie willkommen!
Wir sind jedes Jahr vor Ort und testen Hotels und Restaurants. Mit 40 Farbfotos und 3 Karten. Besuchen Sie auch unseren Reiseblog www.reise-blog-wahle.de.

Weitere Infos unter:
https://www.facebook.com/travemuende.reisen